新新世纪 ◎ 编

藏

在古文观止里的

那些事儿

① 周文

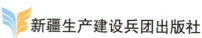

新疆生产建设兵团出版社

前 言

　　《古文观止》是中国优秀古代散文的最好选本之一，自问世以来，广受欢迎；读书之人，人人朗诵。直到现在，影响经久不衰。现代文学史上的大家们都有背诵《古文观止》的经历，文学巨匠巴金就因阅读《古文观止》毕生受益，终生难忘。

　　《古文观止》的编者吴楚材、吴调侯，是叔侄二人，浙江山阴（今绍兴）人。他们立志要编出经典而广泛适用于初学者的教材，《古文观止》编成之后即得到人们的重视。二位编者用"观止"二字为本书冠名，就是说最好的古文都编选在这里了，其他的文章都不用看了，只要我们认真读一下《古文观止》，就会知道编者并不是夸大其词。

　　《古文观止》按时代顺序和作家作品编排，共分12卷，集作品222篇，骈文、散文都有，以散文为主。既有洋洋洒洒的长篇，也有简短精致的短篇。记史叙事，抒情写景，咏物明志，表章信札，各体裁都有，全是历来为人们所喜爱的名篇。这部书的出现，为后世的古文学习者提供了极大的方便，可以说是一书在手，就能读到中国古代文学史上最有代表性的散文佳作了。

　　我们此次为青少年配图出版的《古文观止》，最主要的特点是：一、所选《左传》《国语》《战国策》《史记》、两汉三国魏晋文、唐宋八大家、明代名篇，展现了中国古代散文发展的全貌。二、不但对学习古文者有极大的帮助，而且对于学习用现代汉语写作的人也有非常大的帮助。所以，本书在解析这些名篇时注重其写作方法的欣赏，特意绘制了思维导图，使读者在阅读时能够提高自己的写作水平。三、本书有详尽的原文、注释、译文等栏目，还配有纯手绘精美插图，这不但能够帮助现代读者读懂古文，而且在阅读中能够产生兴趣，得到阅读的享受。

《古文观止》中的
那些 经典语句

郑庄公 　多行不义必自毙。

◎《左传·郑伯克段于鄢》

左丘明 　信不由中，质无益也。明恕而行，要之以礼，虽无
有质，谁能间之？

◎《左传·周郑交质》

石　碏 　夫宠而不骄，骄而能降，降而不憾，憾而能眕者，
鲜矣。

◎《左传·石碏谏宠州吁》

曹　刿 　夫战，勇气也。一鼓作气，再而衰，三而竭。彼竭
我盈，故克之。

◎《左传·曹刿论战》

楚成王 　君处北海，寡人处南海，唯是风马牛不相及也。

◎《左传·齐桓公伐楚盟屈完》

宫之奇 谚所谓"辅车相依，唇亡齿寒"者，其虞、虢之谓也。

◎《左传·宫之奇谏假道》

子 鱼 君子不重伤，不禽二毛。

◎《左传·子鱼论战》

晋文公 因人之力而敝之，不仁；失其所与，不知；以乱易整，不武。

◎《左传·烛之武退秦师》

蹇 叔 劳师以袭远，非所闻也。师劳力竭，远主备之，无乃不可乎？

◎《左传·蹇叔哭师》

晏 子 故君为社稷死，则死之，为社稷亡，则亡之。

◎《左传·晏子不死君难》

目 录

周 文

春秋风云烽烟起

左传

　　《左传》，全称《左氏春秋传》，相传作者是春秋时期鲁国的史官左丘明。《左传》是我国第一部叙事详备的编年体史书。它记录了从鲁隐公元年（前722）至鲁哀公二十七年（前468）发生在周王朝和各主要诸侯国之间的历史事件。

　　《左传》保存了大量的史料，涉及春秋时期列国的政治、经济、军事、外交、文化等方面，叙事委婉详尽，富于戏剧性，所塑造的历史人物性格鲜明、栩栩如生，对话生动，论辩思路缜密，闪烁着思想和智慧的光芒。

郑伯克段于鄢

　　当初郑武公从申国娶来妻子——她就是后来的武姜，武姜生了庄公和共(gōng)叔段。庄公出生时难产，惊吓了姜氏，所以郑武公就给庄公取名为"寤(wù)生"，并且因此厌恶他。武姜喜爱幼子共叔段，想立其为储君，屡次请求武公，武公都不答应。

　　等到庄公即位，姜氏为共叔段请求以制邑(yì)为领地。庄公说："制邑是险要之地，周文王的弟弟虢(guó)叔曾死在那里。别的地方听您吩咐。"姜氏于是为共叔段请求京邑，庄公便让共叔段居住在那里，人称"京城太叔"。郑国的大夫祭仲说："城墙边长超过三百丈，就是国家的祸害。按照先王的制度，大都市的城墙，长度不超过国都城墙的三分之一，中等城市不超过五分之一，小城市不超过九分之一。如今京邑太大，不合制度，恐怕对您不利。"庄公说："姜氏要这样，我有什么办法躲避因此产生的

祸害呢？"祭仲回答说："姜氏怎会满足？不如早做打算，不要使其滋长蔓延。一旦滋生成长起来就难以对付了。蔓延的草尚且难以清除，何况是您受宠的弟弟呢？"庄公说："不义之事做多了必然会自取灭亡，你姑且等着吧。"

不久，太叔命令西部和北部边境的一些地方背叛庄公，投靠自己。庄公的叔叔公子吕说："国家不能忍受两种权力共存，您打算怎么办？如果您想将王位让给太叔，我就请求去侍奉他；如果您不想让位给他，就请您除掉他，不要使人民有二心。"庄公说："用不着，他会自取其祸的。"太叔进一步把西部和北部边邑据为己有，还把势力范围延伸到廪（lǐn）延。公子吕对庄公说："行了，他已经羽翼丰满了，会得到更多拥戴者。"庄公说："他对君王不义，不顾手足之情，就算实力雄厚，最终也会垮掉。"

太叔巩固城防，聚积粮草，修缮军备，准备兵士、战车，打算偷袭庄公，姜氏作为内应，想替他开启城门。庄公打听到他举兵的日期，说："可以了！"于是，命令公子吕率二百辆战车讨伐京城。京城的民众反叛了太叔。太叔逃往鄢（yān）邑，庄公又命令讨伐鄢邑。五月二十三日，太叔逃往共国。

《春秋》上说："郑伯克段于鄢。"共叔段不顾兄弟情谊，所以不用"弟"字；交战双方好像两个国君，所以用"克"字。称庄公为"郑伯"是讥讽他对弟弟不加管教，也符合郑国人民的意思。而不写太叔"出奔"，是责难庄公有杀弟的动机。

庄公把姜氏安置在城颍（yǐng），发誓说："不到黄泉，不再相见。"不久他又后悔了。颍考叔是颍谷的地方官，听说这件事后，便来到国都，说是有礼献于庄公。庄公赐宴，吃饭时，颍考叔把肉放在一旁不吃。庄公问他原因，他回答说："我有老母，我的食物她都尝遍了，却没尝过您的菜肴，我想留给她尝尝。"庄公说："你有母亲可以孝敬，唯独我却没有啊！"颍考叔说："敢问这是什么意思？"庄公告诉他其中的缘故，并且讲出自己的悔意。颍考叔回答说："君王有什么好忧虑的。若掘地见泉，在隧道里相见，谁能有非议？"庄公依从了他的办法。庄公进入隧道，唱道："大隧之中，其乐融融。"姜氏从隧道中出来，唱道："大隧之外，心情愉快。"于是，母子和好如初了。

君子说："颍考叔的孝顺是纯正的。他孝敬、爱戴自己的母亲，又用这样的孝敬和爱戴影响了庄公。《诗经》上说：'孝子之心不尽不竭，会推及他的族类。'说的就是颍考叔这样的人吧。"

初，郑武公娶于申，曰武姜，生庄公及共叔段。庄公寤生①，惊姜氏，故名曰寤生，遂恶(wù)之。爱共叔段，欲立之。亟(qì)②请于武公，公弗许。

及庄公即位，为之请制。公曰："制，岩邑也。虢叔死焉，他邑唯命。"请京，使居之，谓之京城大叔③。

祭(zhài)仲④曰："都城过百雉(zhì)⑤，国之害也。先王之制：大都不过参⑥国之一，中五之一，小九之一。今京不度，非制也，君将不堪。"公曰："姜氏欲之，焉辟⑦害？"对曰："姜氏何厌之有！不如早为之所，无使滋蔓，蔓，难图也。蔓草犹不可除，况君之宠弟乎！"公曰："多行不义必自毙。子姑待之。"

既而大叔命西鄙、北鄙贰于己。公子吕曰："国不堪贰，君将若之何？欲与大叔，臣请事之，若弗与，则请除之，无生民心。"公曰："无庸，将自及。"大叔又收贰以为己邑，至于廪延。子封曰："可矣。厚将得众。"公曰："不义不昵，厚将崩。"

大叔完聚，缮甲兵，具卒乘(shèng)，将袭郑，夫人将启之。公闻其期，曰："可矣！"命子封帅车二百乘以伐京。京叛大叔段。段入于鄢。公伐诸鄢。五月辛丑，大叔出奔共。

书曰："郑伯克段于鄢。"段不弟，故不言"弟(tì)"⑧。如二君，故曰"克"。称"郑伯"，讥失教也，谓之郑志。不言"出奔"，难之也。

遂置姜氏于城颍而誓之曰："不及黄泉，无相见也！"既而悔之。颍考叔为颍谷封人，闻之，有献于公。公赐之食，食舍肉，公问之，对曰："小人有母，皆尝小人之食矣，未尝君之羹，请以遗⑨之。"公曰："尔有母遗，繄我独无！"颍考叔曰："敢问何谓也？"公语之故，且告之悔。对曰："君何患焉！若阙⑩地及泉，隧而相见，其谁曰不然？"公从之。公入而赋："大隧之中，其乐也融融！"姜出而赋："大隧之外，其乐也泄泄。"遂为母子如初。

君子曰："颍考叔，纯孝也。爱其母，施及庄公。《诗》曰：'孝子不匮，永锡⑪尔类。'其是之谓乎！"

注释

①寤生：逆生，指生产时婴儿的脚先出来。②亟：屡次。③大叔：太叔。大，同"太"。④祭仲：即祭足，郑国大夫。⑤雉：古代计算城墙长度的单位，长三丈高一丈为一雉。⑥参：同"三"。⑦辟：同"避"。⑧弟：同"悌"，指对兄长敬爱顺从。⑨遗：赠给。⑩阙：同"掘"，挖掘。⑪锡，同"赐"，赐给。

写作技巧

人物形象刻画

①姜氏欲之，焉辟害

1.庄公的奸狯

②多行不义必自毙。子姑待之

①庄公寤生，惊姜氏，故名曰寤生，遂恶之

2.武姜的偏私

②爱共叔段，欲立之

①既而大叔命西鄙、北鄙贰于己

3.共叔段的骄纵

②大叔又收贰以为己邑，至于廪延

周郑交质

郑武公、庄公父子先后任周平王的执政大臣，平王又偏爱虢公。庄公因此抱怨，平王说："没有这事。"因此，周与郑便交换人质。平王之子狐为人质去往郑国，庄公之子忽为人质前往周朝。平王驾崩，周王朝想把国政全部托付给虢公。四月，郑国的祭足领兵割取周朝温地的麦子，秋天又割取周朝的谷子。周王朝和郑国遂彼此仇恨。

君子说："言不由衷，交换人质也没有用。明确互相谅解的原则而后行动，又根据礼制加以约束，即使没有人质，谁能使其产生隔阂？假若互信互谅，那涧（jiàn）、溪、沼、沚（zhǐ）边的草，蘋（pín）、蘩（fán）、蕰（wēn）、藻一类的野菜，方筐、圆筐、蒸锅、炒锅一类的器皿，甚至地面上的积水与流水，都可以敬献鬼神，贡奉给王公；何况君子于两国间建立信赖关系，按照礼仪行事，又何必用人质？《诗经·国风》中有《采蘩》《采蘋》，《大雅》中有《行苇》《泂（jiǒng）酌》，这四篇诗都是昭示忠实和信赖的。"

17

郑武公、庄公为平王卿士。王贰于虢，郑伯怨王。王曰："无之。"故周郑交质。王子狐为质于郑，郑公子忽为质于周。王崩，周人将畀①虢公政。四月，郑祭足帅师取温之麦。秋，又取成周之禾。周郑交恶。

君子曰："信不由中，质无益也。明恕而行，要②之以礼，虽无有质，谁能间③之？苟有明信，涧、溪、沼、沚之毛，蘋、蘩、蕴④、藻之菜，筐、筥、锜⑤、釜之器，潢污、行潦⑥之水，可荐⑦于鬼神，可羞⑧于王公，而况君子结二国之信，行之以礼，又焉用质？《风》有《采蘩》《采蘋》，《雅》有《行苇》《泂酌》，昭忠信也。"

注释

①畀：托付，给予。②要：约束。③间：离间。④蘋、蘩、蕴：均为野菜。⑤筥、锜：两种容器。⑥行潦：流动的水。⑦荐：献祭。⑧羞：进献食物。

写作技巧

先叙事再议论

1. 叙述事情

①周王室与郑国交换人质互表诚信

②随后双方反目成仇

2. 得出结论

①交换人质取信对方的做法不可取

②双方若讲信依礼，则无须交换人质

3. 发表议论

①信任要建立在坦诚相待的基础上

②强调恪守礼仪、忠于信义的重要性

石碏谏宠州吁

卫庄公娶了齐国太子得臣的妹妹，名叫庄姜，她美丽却没有儿子，卫国人为她写了《硕人》这首诗。庄公又从陈国娶来名叫厉妫（guī）的女子，她生下孝伯，可是孝伯很小就死了。厉妫随嫁的妹妹生了桓公，庄姜把他看作自己的儿子。公子州吁是庄公的宠妾生的，受到庄公的宠爱，州吁喜欢玩弄武器，庄公不禁止，庄姜厌恶他。

石碏（què）劝庄公说："臣听说怜爱儿子就要教他道义规矩，不让他走上邪路。骄傲、奢侈、放荡、安逸是走上邪路的开始。这四种恶习的产生是由于过分的宠爱和过多的赏赐。您若想立州吁为太子，就定下来；若还没有，过度的宠爱会导致祸患。受到宠爱却不骄傲，骄傲却安于地位低下，地位低下却能不怨恨，怨恨却能克制自己的，这样的人太少了。而且卑贱妨害尊贵，年少驾凌年长，疏远离间亲近，新人离间旧人，弱小欺侮强大，淫荡破坏道义，这就叫作'六逆'。君王仁义，臣下恭行，为父慈善，为子孝顺，为兄爱护，为弟恭敬，这就叫作'六顺'。舍

顺而学逆，就会导致祸害加速到来。作为人君，本应务必消除祸害，而今却使之加速到来，恐怕不可以吧？"庄公不听劝。石碏的儿子石厚和州吁来往密切，石碏禁止，石厚不听。等到庄公死后，桓公即位，石碏便告老还乡了。

原文欣赏

　　卫庄公娶于齐东宫得臣之妹，曰庄姜，美而无子，卫人所为赋《硕人》也。又娶于陈，曰厉妫，生孝伯，蚤①死。其娣戴妫生桓公，庄姜以为己子。公子州吁，嬖人②之子也，有宠而好兵，公弗禁，庄姜恶之。

　　石碏③谏曰："臣闻爱子，教之以义方，弗纳于邪。骄、奢、淫、佚，所自邪也，四者之来，宠禄过也。将立州吁，乃定之矣，若犹未也，阶之为祸。夫宠而不骄，骄而能降，降而不憾，憾而能眕④者，鲜矣。且夫贱妨贵，少陵长，远间亲，新间旧，小加大，淫破义，所谓六逆也；君义，臣行，父慈，子孝，兄爱，弟敬，所谓六顺也；去顺效逆，所以速祸也。君人者，将祸是务去，而速之，无乃不可乎？"弗听。其子厚与州吁游，禁之，不可。桓公立，乃老。

注释

①蚤：同"早"。②嬖人：受宠的姬妾。③石碏：卫国大夫。④眕：隐忍克制自己。

写作技巧

顶真的修辞手法

1.形式特点

上一句尾字做下一句首字。如"夫宠而不骄，骄而能降，降而不憾，憾而能眕者，鲜矣"

2.手法作用

①说理环环相扣，层次井然，颇有气势

②议事准确、严谨、周密

曹刿论战

　　鲁庄公十年（前684）春，齐国军队前来攻打鲁国，庄公准备迎击。曹刿（guì）请求进见。他的同乡人说："大官们会来谋划的，你又何必参与其间呢？"曹刿说："大官们见识短浅，不能深谋远虑。"于是进见。

　　曹刿问庄公："您凭什么来作战呢？"庄公说："衣着吃食这类养生的东西，我不敢独自享用，必然分给别人。"曹刿答道："小恩小惠不能遍及百姓，百姓是不会跟从您的。"庄公说："祭祀用的牛羊玉帛，我从不敢虚报，必说实话。"曹刿说："小的诚实不能使神灵信任，神灵是不会赐福的。"庄公说："大大小小的诉讼官司，我虽不能一一明察，但一定做到合情合理。"曹刿答道："这属于为百姓尽心办事的行为，可以凭这个条件打一仗。作战时请让我跟随您一起去吧。"

　　庄公和曹刿同乘一辆兵车。鲁军与齐军交战于长勺。庄公将要击鼓进军，曹刿说："不行。"齐军击鼓三次之后，曹刿说："可以击鼓进军了。"齐军大败。庄公又要下令追击，曹刿说："不行。"他下车看了齐军战车车轮的痕迹，又登上车前的横木瞭望齐军撤退的情况，这才说："可以了。"于是鲁军开始追击齐军。

战胜之后，庄公问曹刿其中的缘故。曹刿回答说："作战靠的是勇气。击第一通鼓的时候，军队的士气便振作了起来；击第二通鼓的时候，士气开始减弱；等到击第三通鼓的时候，士气就衰竭了。敌人的士气衰竭，而我军的士气旺盛，所以能够战胜他们。大国难以捉摸，恐怕藏有伏兵。我看到他们战车车轮的痕迹杂乱，望见他们的旗子倒下了，他们确实是在败退，所以才下令追击他们。"

原文欣赏

　　十年春，齐师伐我。公将战，曹刿请见。其乡人曰："肉食者谋之，又何间焉？"刿曰："肉食者鄙，未能远谋。"乃入见。问："何以战？"公曰："衣食所安，弗敢专也，必以分人。"对曰："小惠未遍，民弗从也。"公曰："牺牲玉帛①，弗敢加也，必以信。"对曰："小信未孚②，神弗福也。"公曰："小大之狱，虽不能察，必以情。"对曰："忠之属③也。可以一战。战则请从。"

　　公与之乘，战于长勺。公将鼓之。刿曰："未可。"齐人三鼓。刿曰："可矣。"齐师败绩。公将驰之。刿曰："未可。"下视其辙，登轼④而望之，曰："可矣。"遂逐齐师。

　　既克，公问其故。对曰："夫战，勇气也。一鼓作气，再而衰，三而竭。彼竭我盈，故克之。夫大国，难测也，惧有伏焉。吾视其辙乱，望其旗靡，故逐之。"

注释

① 玉帛：祭祀用的玉器和丝织品。② 孚：为人所信服。③ 属：类。
④ 轼：古代车厢前面供人手扶的横木。

写作技巧

围绕中心 "远谋" 选材

1. 取信于民

①鲁庄公说出"小大之狱，虽不能察，必以情"

②曹刿认为"忠之属也，可以一战"

2. 掌握战机

①齐人三鼓，刿曰"可矣"，齐师败

②下视登望，刿曰"可矣"，遂逐齐师

3. 后发制人

①彼竭我盈，反攻齐军，故克之

②视其辙乱，望其旗靡，故逐之

齐桓公伐楚盟屈完

鲁僖公四年（前656）春，齐桓公率领诸侯的军队侵入蔡国。蔡军溃散，诸侯军继而进攻楚国。楚成王派使者来到军中说："君侯居住在北海，我居住在南海，就算牛马走失也不会到达彼此的疆土，想不到君侯却到了我们的国土上，这是什么缘故？"管仲回答道："从前召康公命令我们的先祖姜太公说：'五等诸侯和九州之长，如有罪过，你都可以讨伐他们，以便辅佐周王室。'并赐给我们先祖可以讨伐的范围：东至大海，西至黄河，南至穆陵，北至无棣。你们应进贡的包茅没有缴纳，使天子的祭祀缺乏供应，没办法缩酒拜神。我军为此前来征讨。昭王南巡到楚国没有回去，我特此前来查问。"使者回答道："贡品没有送去，这是我们国君的罪过，怎敢不供给呢？至于昭王南征未返，君侯还是去问水边上的人吧。"于是齐军继续前进，驻扎在陉地。

夏天，楚成王派屈完前往诸侯军中求和。诸侯军向后撤退，驻扎在召陵。齐桓公让诸侯的军队摆开阵势，与屈完同乘一辆战车检阅军队。齐桓公说:"诸侯们前来难道是为了我吗?不过是为了继续与先君建立友好关系罢了,你们也同我建立友好关系如何?"屈完回答说:"承蒙您的恩惠,为我们的国家求福,有劳君侯收纳我们的国君,这也是我们国君的愿望。"齐桓公说:"我用这样庞大的军队去作战,谁能够抵挡得了?用这样的军队去攻城,什么样的城池不能攻克?"屈完回答道:"君侯若是以仁德来安抚诸侯们,诸侯们谁敢不服从于您?君侯若是使用武力,楚国有方城山作为城墙,有汉水作为护城河,您的军队虽然庞大,恐怕也没有用。"

于是,屈完和诸侯们订立了盟约。

春，齐侯以诸侯之师侵蔡，蔡溃，遂伐楚。楚子使与师言曰："君处北海，寡人处南海，唯是风马牛不相及也，不虞①君之涉吾地也，何故？"管仲对曰："昔召康公命我先君太公曰：'五侯九伯，女②实征之，以夹辅周室！'赐我先君履，东至于海，西至于河，南至于穆陵，北至于无棣。尔贡包茅③不入，王祭不共，无以缩酒④，寡人是征。昭王南征而不复，寡人是问。"对曰："贡之不入，寡君之罪也，敢不共给？昭王之不复，君其问诸水滨！"师进，次于陉。

夏，楚子使屈完如师。师退，次于召陵。齐侯陈诸侯之师，与屈完乘而观之。齐侯曰："岂不穀⑤（gǔ）是为？先君之好是继。与不穀同好，何如？"对曰："君惠微⑥（yāo）福于敝邑之社稷（jì），辱收寡君，寡君之愿也。"齐侯曰："以此众战，谁能御之？以此攻城，何城不克？"对曰："君若以德绥诸侯，谁敢不服？君若以力，楚国方城以为城，汉水以为池，虽众，无所用之。"

屈完及诸侯盟。

注释

①虞：料想。②女：同"汝"。③包茅：成捆的青茅。④缩酒：过滤酒，一说使酒渗下去。⑤不穀：不善，诸侯对自己的谦称。⑥微：同"邀"。

写作技巧

①齐相管仲陈述讨伐楚国的两大"罪状"

楚国使者与屈完的辞令艺术

1. 楚国使者

②楚使当即认错，使对方怒气大消

③随后又以"君其问诸水滨"答复管仲

2. 屈完

②屈完先谦恭礼让，再柔中带刚，最后与诸侯们订立盟约

①齐桓公率领诸侯的军队兵临楚国城下

宫之奇谏假道

　　晋献公又向虞国借路去攻打虢国，虞国大夫宫之奇劝谏道："虢国，是虞国的外围。虢国灭亡，虞国必定会跟着灭亡。晋国的野心不可助长，别国的军队不可轻忽。一次借路已经过分了，难道还可以再来一次吗？俗话说'面颊与牙床互相依靠，嘴唇没有了，牙齿就要受寒'，这就像虞国和虢国互相依存的关系一样。"

　　虞公说："晋国，与我是同宗，难道会加害于我吗？"宫之奇回答说："太伯、虞仲，是周始祖太王的儿子。太伯不从父命，因此没有继承王位。虢仲、虢叔，是周太王的小儿子王季的儿子，做过文王的大臣，有功于周王朝，他们获得功勋的记录还藏在盟府之中。现在晋国既然连虢国都想灭掉，对虞国又有什么可爱惜的？况且虞国与晋国，能比桓、庄两族与晋国更亲近吗？晋国国君爱护桓、庄两族吗？桓、庄两族有什么罪过，却遭杀戮，不就是因为近亲的势力威胁到自己了吗？亲族由于受宠而对自己产生了威胁，晋国国君尚且杀了他们，何况对晋国产生威胁的国家呢？"

虞公说：“我祭祀鬼神的祭品丰盛而干净，鬼神必然站在我们这边。”宫之奇回答说：“我听说，鬼神不会随便亲近哪一个人，只依附有德行的人。所以《周书》上说：‘上天没有私亲，只辅助那些有德行的人。’又说：‘祭祀用的黍（shǔ）稷不算是芳香的，只有美好的德行才是芳香的。’又说：‘人们进献的祭品相同，而鬼神只享用有德之人的祭品。’如此看来，除非有道德，否则百姓不能和睦，鬼神就不会享用祭品。鬼神所依托的，只在于德行罢了。如果晋国攻取了虞国，用发扬美德的方式来使祭品真正地散发出芳香，鬼神难道还会吐出来吗？”

虞公不听，答应了晋国使臣的要求。宫之奇带领他的族人离开了虞国，临行前说：“虞国等不到年终的祭祀了。虞国的灭亡，就在晋军的这次行动中，晋国用不着再次发兵了。”冬天，晋国灭掉了虢国。回师途中，晋军驻军于虞国，于是乘机灭掉了虞国，捉住了虞公。

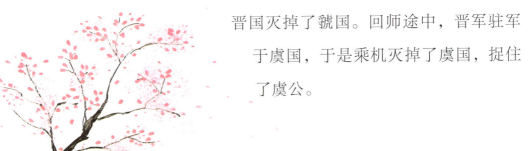

晋侯复假道于虞以伐虢。宫之奇①谏曰："虢，虞之表也；虢亡，虞必从之。晋不可启，寇不可玩，一之谓甚，其可再乎？谚所谓'辅车相依，唇亡齿寒'者，其虞、虢之谓也。"

公曰："晋，吾宗也。岂害我哉？"对曰："大伯、虞仲，大王之昭②也；大伯不从，是以不嗣。虢仲、虢叔，王季之穆也；为文王卿士，勋在王室，藏于盟府③。将虢是灭，何爱于虞？且虞能亲于桓、庄④乎，其爱之也，桓、庄之族何罪，而以为戮，不唯逼乎？亲以宠逼，犹尚害之，况以国乎？"

公曰："吾享祀丰洁，神必据我。"对曰："臣闻之，鬼神非人实亲，惟德是依。故《周书》曰：'皇天无亲，惟德是辅。'又曰：'黍稷非馨，明德惟馨。'又曰：'民不易物，惟德繄物。'如是，则非德，民不和，神不享矣。神所冯(píng)依，将在德矣。若晋取虞，而明德以荐馨香，神其吐之乎？"

弗听，许晋使。宫之奇以其族行，曰："虞不腊⑤矣。在此行也，晋不更举矣。"冬，晋灭虢。师还，馆于虞，遂袭虞，灭之，执虞公。

注释

① 宫之奇：虞国大夫。② 昭：宗庙里神主的位次。始祖居中，二世、四世、六世位于始祖的左方，称"昭"；三世、五世、七世位于右方，称"穆"。
③ 盟府：掌管盟誓典策的官府。④ 桓、庄：桓叔、庄伯，分别为晋献公的曾祖父和祖父。⑤ 腊：指腊祭冬至后第三个戌日祭祀众神。

写作技巧

①晋侯再次向虞国借路攻打虢国

1.论势

②宫之奇以"唇亡齿寒"为比喻力谏虞公

先论势再论情后论理

①虞公认为"吾宗岂害我"

2.论情

②宫之奇举事实反驳

3.论理

①虞公认为"神必据我"

②宫之奇再以"鬼神亲德"反驳

子鱼论战

楚国攻打宋国来救援郑国。宋襄公将要应战，大司马公孙固劝谏说："上天抛弃我商国（宋是商的后代）已经很久了，主公想要复兴，这是上天都不肯宽恕的。"宋襄公不听。

宋军与楚军交战于泓水。宋军已经摆好阵势，楚军还没有全部渡河。司马（官职）子鱼说："敌众我寡，趁他们没有完全渡河，请下令攻击他们。"宋襄公说："不行。"当楚军已经全部渡河，但尚未摆好阵势时，司马子鱼又请求攻击。宋襄公说："不行。"等楚军摆好了阵势，然后宋军才开始发起进攻，结果大败，宋襄公大腿受伤，卫队也被歼灭了。

宋国人都埋怨宋襄公。宋襄公说："君子不伤害已经受伤的人，不捉拿头发花白的人。古人作战，不在隘（ài）口处阻击敌人。我虽然是已经亡国的商朝后代，但也不会攻击没有摆好阵势的敌人。"

子鱼说："主公并不懂得如何作战。强大的敌人，因为地形的狭窄而摆不开阵势，这是上天在帮助我们，这时候对其加以

37

拦截，然后攻击他们，不也是可以的吗？就算是这样还怕不能取胜。况且今天这些强悍的楚兵都是我们的敌人，即使碰到老人，捉住了就把他抓回来，何况只是头发花白的人？对士兵讲明耻辱、教导作战，是为了杀死敌人。敌人受了伤但还没有死，为什么不能再次攻击使其毙命？如果是因为怜悯那些受伤的人而不想再次伤害，那还不如一开始就不要击伤他。同情年长的敌人，还不如向他们投降。军队凭借有利的时机而行动，锣鼓用来鼓舞士兵的勇气。有了有利的条件和时机，即使是在险阻隘口的地方打击敌人也是应该的。锣鼓响亮，士气旺盛，攻击没有摆开阵势的敌人也是可以的。"

　　楚人伐宋以救郑。宋公将战，大司马固谏曰："天之弃商久矣，君将兴之，弗可赦也已。"弗听。

　　及楚人战于泓。宋人既成列，楚人未既济，司马曰："彼众我寡，及其未既济也，请击之。"公曰："不可。"既济而未成列，又以告。公曰："未可。"既陈，而后击之，宋师败绩。公伤股，门官歼焉。

　　国人皆咎公。公曰："君子不重（chóng）伤①，不禽②二毛③。古之为军也，不以阻隘也。寡人虽亡国之余，不鼓不成列。"

　　子鱼曰："君未知战。勍（qíng）敌④之人，隘而不列，天赞我也，阻而鼓之，不亦可乎？犹有惧焉。且今之勍者，皆吾敌也，虽及胡耇（gǒu）⑤，获则取之，何有于二毛？明耻，教战，求杀敌也。伤未及死，如何勿重？若爱重伤，则如勿伤，爱其二毛，则如服焉。三军以利用也，金鼓以声气也，利而用之，阻隘可也，声盛致志，鼓儳（chán）⑥可也。"

注释

①重伤：再一次伤害。②禽：同"擒"。③二毛：斑白的头发，常用来指老年人。④勍敌：强劲有力的敌人。⑤胡耇：老人。⑥儳：不整齐。

写作技巧

①使文章整齐而有条理

1.多四言句式，夹杂五言、六言

多种句式并用

②衔接得当，使全文一气呵成，感情充沛

2.多判断句式和反问句式

①强调打仗应以取胜为先的观点

②交叉使用，层次鲜明，读来畅快痛快

烛之武退秦师

晋文公和秦穆公联合围攻郑国，因为郑国对晋文公无礼，并且对晋国有二心，暗地里依附了楚国。晋军驻扎在函陵，秦军驻扎在氾^{fàn}南。

郑国大臣佚之狐对郑文公说："郑国处于危险之中，如果能派烛之武去见秦穆公，那么前来征讨的军队一定能撤走。"郑伯听从了他的建议。烛之武却推辞说："臣壮年的时候，尚且不如别人；现在老了，更做不成什么了。"郑文公说："我没有能及早地任用你，如今形势危急才来求你，这是我的过错。然而郑国灭亡了，对你也有不利的地方啊。"烛之武于是答应了。

当天夜里，烛之武被人用绳子从城上放了下去。烛之武拜见了秦穆公，说："秦国和晋国前来围攻郑国，郑国已经知道要灭亡了。如果郑国的灭亡对您有好处，那就烦劳您手下的人把郑国灭掉。隔着别国而想把远方的土地作为自己的领土，您知道这是难以办到的，何必要灭掉郑国而增加邻邦晋国的土地呢？邻邦的国力雄厚了，您的国力也就相对削弱了。假如放弃

灭郑的打算而让其作为您东方路上的主人，秦国使者往来，郑国可以供给他们所缺乏的东西，对您也没有什么害处。况且您曾有恩于晋君，他答应过把焦、<ruby>瑕<rt>xiá</rt></ruby>二地给您作为报答，然而，他早上渡河回到了晋国，晚上就在那里修起了城墙，这您是知道的。晋国哪有满足的时候？等它在东边把疆土扩大到了郑国，就会想扩张西边的疆土。如果不侵损秦国，如何能取得土地？秦国受损而晋国受益，请您仔细斟酌吧。"秦穆公听了很高兴，就与郑国订立了盟约。并派<ruby>杞<rt>qǐ</rt></ruby>子、<ruby>逢<rt>páng</rt></ruby>孙、杨孙驻守郑国，自己率领大军回国去了。

　　子犯（晋文公舅舅）请求晋文公下令攻击秦军。晋文公说："不行。假如没有秦穆公的支持，我到不了今天。借助了别人的力量而又去损害他，这是不仁；失掉自己的同盟国，这是不智；以混乱代替联合一致，这是不武。我们还是回去吧。"于是晋军也撤离了郑国。

原文欣赏

　　晋侯、秦伯围郑，以其无礼于晋，且贰于楚也。晋军函陵，秦军氾南①。

　　佚之狐言于郑伯曰："国危矣，若使烛之武见秦君，师必退。"公从之。辞曰："臣之壮也，犹不如人；今老矣，无能为也已。"公曰："吾不能早用子，今急而求子，是寡人之过也。然郑亡，子亦有不利焉。"许之。

　　夜缒（zhui）②而出，见秦伯，曰："秦、晋围郑，郑既知亡矣。若亡郑而有益于君，敢以烦执事③。越国以鄙远，君知其难也。焉用亡郑以陪邻？邻之厚，君之薄也。若舍郑以为东道主，行李④之往来，共⑤其乏困，君亦无所害。且君尝为晋君赐矣，许君焦、瑕，朝济而夕设版焉，君之所知也。夫晋，何厌之有？既东封郑，又欲肆其西封，若不阙秦，将焉取之？阙秦以利晋，唯君图之。"秦伯说⑥，与郑人盟。使杞子、逢孙、杨孙戍之，乃还。

　　子犯请击之，公曰："不可。微⑦夫人之力不及此。因人之力而敝之，不仁；失其所与，不知⑧；以乱易整，不武。吾其还也。"亦去之。

注释

①氾南：氾水之南。②缒：系在绳上放下去。③执事：指代秦穆公。④行李：外交使者。⑤共：同"供"，供给。⑥说：同"悦"。⑦微：没有。⑧知：同"智"。

写作技巧

① 站在秦国的立场上说话，引起对方好感

烛之武的辞令艺术

② 说明亡郑利于晋，不利于秦

③ 陈述保存郑国对秦国有好处

④ 追忆秦国与晋国的历史恩怨，最终秦郑订立盟约

蹇叔哭师

秦国大夫杞子从郑国派人告诉秦国说："郑国人让我掌管他们国都北门的钥匙。如果偷偷派兵前来，郑国唾手可得。"秦穆公为此咨询了大夫蹇叔。蹇叔说："劳动军队去袭击远方的国家，

我没有听说过这种事。军队辛劳，精疲力竭，远方国家的君主又有所防备，这样做恐怕不行吧？我们军队的举动，郑国必定会知道。使军队辛苦奔波而无所得，军队一定会产生叛逆的念头。再说行军千里，谁会不知道？"秦穆公拒绝接受他的意见，召见了孟明、西乞和白乙，让他们从东门外出兵伐郑。蹇叔哭着送他们说："孟明啊，我看着大军出发却看不见他们回来了！"秦穆公派人对蹇叔说："你知道什么！如果你只活到中寿就死了的话，现在你坟上的树该长到两手合抱粗了！"

蹇叔的儿子在军队里，蹇叔哭着送儿子，说："晋国人必定在崤^{xiáo}山抗击我军。崤山有两座山头，南面的山头是夏后皋^{gāo}的坟墓；北面的山头是周文王避风雨的地方。你们一定会战死在这两座山头之间，我就在那里收你的尸骨吧！"

秦国军队接着就向东进发了。

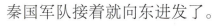

原文欣赏

　　杞子自郑使告于秦曰："郑人使我掌其北门之管，若潜师以来，国可得也。"穆公访诸蹇叔。蹇叔曰："劳师以袭远，非所闻也。师劳力竭，远主备之，无乃不可乎？师之所为，郑必知之。勤而无所，必有悖^{bèi}心^①。且行千里，其谁不知？"公辞焉。召孟明、西乞、白乙，使出师于东门之外。蹇叔哭之，曰："孟子，吾见师之出而不见其入也！"公使谓之曰："尔何知？中寿^②，尔墓之木拱矣。"

　　蹇叔之子与师，哭而送之，曰："晋人御师必于崤。崤有二陵焉：其南陵，夏后皋^③之墓也，其北陵，文王之所辟风雨也。必死是间，余收尔骨焉！"秦师遂东。

注释

① 悖心：怨恨之心。② 中寿：六十岁上下。③ 夏后皋：夏代天子，名皋。

思维导图

写作技巧

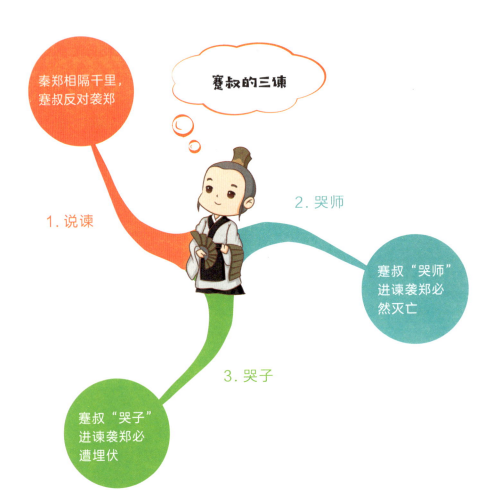

蹇叔的三谏

秦郑相隔千里，蹇叔反对袭郑

1. 说谏

2. 哭师

蹇叔"哭师"进谏袭郑必然灭亡

3. 哭子

蹇叔"哭子"进谏袭郑必遭埋伏

晏子不死君难

　　齐国大臣崔武子见到棠姜觉得她很美，于是娶了她。齐庄公和棠姜私通，崔武子便杀死了庄公。

　　齐国大夫晏子站在崔氏的门外，他手下的人说："要为国君殉难吗？"晏子说："是我一个人的国君吗？我为什么要死？"他手下的人说："打算逃出齐国吗？"晏子说："是我的罪过吗？我为什么要逃走？"他手下的人说："回去吗？"晏子说："国君死了，怎能回去？作为百姓的君主，怎么可以欺凌百姓呢？要以国家为重啊。臣子侍奉国君，岂是为了他的俸禄？而是要供养国家。所以国君为国家而死，就跟着他去死；国君为国家而逃亡，就跟着他逃亡。如果国君是为了自己而死，或是为了自己而逃亡，不是他自己宠爱、亲近的人，谁敢承担责任？况且是拥有君主宠爱的人杀了他，我怎能为他去死？怎能为他而逃亡？又怎能回去呢？"大门开了，晏子进去，把庄公的尸体放在自己的腿上而号哭，哭完站起来跳了三下才出去。有人对崔武子说："一定要杀掉他。"崔武子说："他是百姓所仰望的人，放了他，可以得民心。"

崔武子见棠姜而美之，遂取①之。庄公通焉，崔子弑（shì）之。

晏子立于崔氏之门外，其人曰："死乎？"曰："独吾君也乎哉？吾死也。"曰："行乎？"曰："吾罪也乎哉？吾亡也。"曰："归乎？"曰："君死，安归？君民者，岂以陵②民，社稷是主。臣君者，岂为其口实，社稷是养。故君为社稷死，则死之，为社稷亡，则亡之。若为己死，而为己亡，非其私昵，谁敢任之？且人有君而弑之，吾焉得死之？而焉得亡之？将庸何归？"门启而入，枕尸股而哭。兴，三踊（yǒng）③而出。人谓崔子："必杀之！"崔子曰："民之望也，舍之，得民。"

注释

①取：同"娶"。 ②陵：同"凌"，凌辱，欺凌。 ③踊：跳。

思维导图

写作技巧

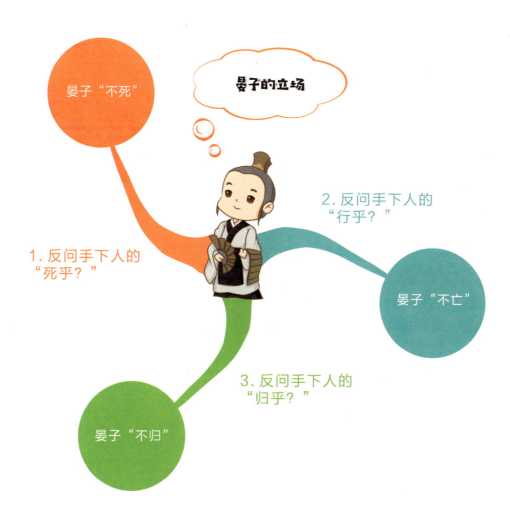

晏子的立场

晏子"不死"

1. 反问手下人的"死乎？"

2. 反问手下人的"行乎？"

晏子"不亡"

3. 反问手下人的"归乎？"

晏子"不归"

图书在版编目（CIP）数据

藏在古文观止里的那些事儿：思维导图彩绘版.①，
周文 / 新新世纪编 . -- 五家渠：新疆生产建设兵团出
版社，2022.3

　ISBN 978-7-5574-1782-6

　Ⅰ.①藏… Ⅱ.①新… Ⅲ.①古典散文－散文集－中
国②《古文观止》－青少年读物 Ⅳ.① H194.1-49

　中国版本图书馆 CIP 数据核字（2022）第 032732 号

责任编辑 : 吴秋明

藏在古文观止里的那些事儿：思维导图彩绘版.①，周文

出版发行	新疆生产建设兵团出版社
地　　址	新疆五家渠市迎宾路 619 号
邮　　编	831300
电　　话	0994-5677185
发　　行	0994-5677116
传　　真	0994-5677519
印　　刷	三河市双升印务有限公司
开　　本	710 毫米 ×1000 毫米　1/16
印　　张	35
字　　数	30 千字
版　　次	2022 年 3 月第 1 版
印　　次	2022 年 4 月第 1 次印刷
书　　号	ISBN 978-7-5574-1782-6
定　　价	198.00 元